Indústria cultural e
meios de comunicação

Indústria cultural e meios de comunicação

Rodrigo Duarte

FILOSOFIAS: O PRAZER DO PENSAR
Coleção dirigida por
Marilena Chaui e Juvenal Savian Filho

wmf **martinsfontes**
São Paulo 2014

*Copyright © 2014, Editora WMF Martins Fontes Ltda.,
São Paulo, para a presente edição.*

1ª edição 2014

Edição de texto
Juvenal Savian Filho
Acompanhamento editorial
Helena Guimarães Bittencourt
Revisões gráficas
Letícia Braun
Solange Martins
Edição de arte
Katia Harumi Terasaka
Produção gráfica
Geraldo Alves
Paginação
Moacir Katsumi Matsusaki

Dados Internacionais de Catalogação na Publicação (CIP)
(Câmara Brasileira do Livro, SP, Brasil)

Duarte, Rodrigo
 Indústria cultural e meios de comunicação / Rodrigo Duarte. – São Paulo : Editora WMF Martins Fontes, 2014. – (Filosofias : o prazer do pensar / dirigida por Marilena Chaui e Juvenal Savian Filho)

 ISBN 978-85-7827-821-2

 1. Comunicação – Filosofia 2. Indústria cultural 3. Meios de comunicação I. Chaui, Marilena. II. Savian Filho, Juvenal. III. Título. IV. Série.

14-01562   CDD-302.201

Índices para catálogo sistemático:
 1. Comunicação : Filosofia   302.201
 2. Filosofia da comunicação   302.201

Todos os direitos desta edição reservados à
Editora WMF Martins Fontes Ltda.
Rua Prof. Laerte Ramos de Carvalho, 133 01325.030 São Paulo SP Brasil
Tel. (11) 3293.8150 Fax (11) 3101.1042
e-mail: info@wmfmartinsfontes.com.br http://www.wmfmartinsfontes.com.br

SUMÁRIO

Apresentação • 7
Introdução • 9

1 A vida entre trabalho e lazer • 13
2 A Teoria Crítica e a indústria cultural • 24
3 Entretenimento, memória e arte • 39

Ouvindo os textos • 51
Exercitando a reflexão • 57
Dicas de viagem • 62
Leituras recomendadas • 68

APRESENTAÇÃO
Marilena Chaui e Juvenal Savian Filho

O exercício do pensamento é algo muito prazeroso, e é com essa convicção que convidamos você a viajar conosco pelas reflexões de cada um dos volumes da coleção *Filosofias: o prazer do pensar*.

Atualmente, fala-se sempre que os exercícios físicos dão muito prazer. Quando o corpo está bem treinado, ele não apenas se sente bem com os exercícios, mas tem necessidade de continuar a repeti-los sempre. Nossa experiência é a mesma com o pensamento: uma vez habituados a refletir, nossa mente tem prazer em exercitar-se e quer expandir-se sempre mais. E com a vantagem de que o pensamento não é apenas uma atividade mental, mas envolve também o corpo. É o ser humano inteiro que reflete e tem o prazer do pensamento!

Essa é a experiência que desejamos partilhar com nossos leitores. Cada um dos volumes desta coleção foi concebido para auxiliá-lo a exercitar o seu pensar. Os temas foram cuidadosamente selecionados para abordar os tópicos mais importantes da reflexão filosófica atual, sempre conectados com a história do pensamento.

Assim, a coleção destina-se tanto àqueles que desejam iniciar-se nos caminhos das diferentes filosofias como àqueles que já estão habituados a eles e querem continuar o exercício da reflexão. E falamos de "filosofias", no plural, pois não há apenas uma forma de pensamento. Pelo contrário, há um caleidoscópio de cores filosóficas muito diferentes e intensas.

Ao mesmo tempo, esses volumes são também um material rico para o uso de professores e estudantes de Filosofia, pois estão inteiramente de acordo com as orientações curriculares do Ministério da Educação para o Ensino Médio e com as expectativas dos cursos básicos de Filosofia para as faculdades brasileiras. Os autores são especialistas reconhecidos em suas áreas, criativos e perspicazes, inteiramente preparados para os objetivos dessa viagem pelo país multifacetado das filosofias.

Seja bem-vindo e boa viagem!

INTRODUÇÃO
O realismo do virtual

Ao apertar o botão (físico ou "virtual") de um dispositivo eletrônico, estamos acostumados a entrar em contato audiovisual com um conhecido ou parente que se encontra do outro lado do mundo: conversamos com a pessoa como se ela estivesse à nossa frente e achamos isso muito normal, pois esse fato não é exceção, sendo antes, hoje, a regra. De modo análogo, ao acionar outros tipos de aparelhos (ou outras funções daquele mesmo do primeiro exemplo), não estranhamos que possamos ter notícias – presenciando cenas imagética e sonoramente – de acontecimentos tanto da nossa rua ou bairro quanto dos mais longínquos recantos do globo. Já nos acostumamos a ir ao cinema, ligar a TV ou aparelhos de vídeo (antes VHS, depois DVDs, mais recentemente, Blu-Rays) e assistir a programações audiovisuais mais ou menos dentro de nossas próprias expectativas, de acordo com uma oferta preexistente, mais ou menos variada conforme o contexto social e/ou econômico em que vivemos.

Esses poucos exemplos, que poderiam se multiplicar se fosse o caso, apontam para a existência de um mundo novo, com possibilidades espantosas – e antes insuspeitadas – de comunicação interpessoal e de entretenimento, individual ou coletivo. Um outro traço desse universo que chama muito a atenção é o "realismo" das imagens e dos sons veiculados pelos seus *media* (isto é, meios de comunicação). Alguém que esteve atento ao modo como esses meios se desenvolveram constata facilmente que esse "realismo" não foi sempre como é hoje, aparentemente completo, mas, em cada estágio de desenvolvimento (cinema preto-e--branco, inicialmente mudo, depois sonoro; cinema colorido e sonoro; TV em preto-e-branco, depois colorida etc.), espantoso. Hoje chegamos ao ponto em que uma projeção em alta definição de som e imagem (HD) e tridimensional pode emular, com meios eletrônicos, a vivência de uma situação antes restrita ao nosso aparelho perceptivo inato. Utilizando os recursos da chamada "realidade virtual", também a percepção tátil pode ser adicionada à audiovisual supra-aludida.

O que é filosoficamente muito interessante nisso tudo é que a imediatez, que parece ser a principal característica desse universo de sons e imagens supersedutores, é apenas aparente: para cada fenômeno audiovisual que se dá imediatamente à nossa percepção há uma complexíssima rede de relações sociais, econômicas e políticas que se desenvolve não necessariamente (aliás, quase nunca) em favor do percipiente desinformado sobre o seu funcionamento, suas motivações, seus objetivos etc.

Historicamente, desde que começaram a surgir os referidos *media*, aproximadamente na metade do século XIX, eles se tornaram tema de reflexões críticas, tendo em vista tanto suas promessas de enriquecimento da experiência cultural humana quanto os potenciais obstáculos a esse enriquecimento em função do tipo de interesses que estaria por trás do surgimento, da manutenção e do desenvolvimento desse conjunto de atividades. Tratarei aqui, após uma pequena introdução histórica, de duas vertentes filosóficas que, desde as primeiras décadas do século XX, abordaram os *media* de modo crítico e filosoficamente frutífero: a Teoria Crítica da Sociedade (especialmente com o conceito de "indústria cultural") e a filosofia da comunicação de Vilém Flusser (1920-1991).

1. A vida entre trabalho e lazer

A divisão do nosso tempo individual em trabalho e lazer, que hoje parece tão óbvia, não foi sempre assim. Essa divisão não existia na Idade Média, por exemplo, tendo aparecido com o surgimento do modo de produção capitalista, principalmente depois da Revolução Industrial, que eliminou o trabalho produtivo familiar, realizado nos domicílios dos trabalhadores, limitando essas atividades aos estabelecimentos industriais.

Durante o Feudalismo e até um pouco depois, a distinção entre um tempo dedicado à produção e outro potencialmente devotado à diversão passava pela divisão de classes: as classes servis – e possivelmente também a burguesia em sua fase inicial – realizava um trabalho produtivo de sol a sol, enquanto a aristocracia reservava para si atividades consideradas prazerosas, ainda que "obrigatórias" em termos sociais. O pouco tempo restante aos trabalhadores antes do sono devia ser dedicado ao canto, à dança e às narrativas, ao mesmo tempo que se comia e se bebia coletivamente.

Acrescente-se que, como o trabalho produtivo na Idade Média era principalmente agrário, o seu ritmo era necessariamente sazonal, com momentos de máxima exigência na lavoura e outros em que algum tempo livre poderia ser dedicado a atividades não produtivas. Provavelmente nesses períodos de menor exigência de trabalho se originou a concepção moderna de lazer, principalmente a partir de um calendário de festas dedicadas aos santos padroeiros das diversas localidades, nas quais surgiram quermesses e feiras em que artistas populares forjaram o protótipo do que se entende hoje por "entretenimento".

Já num período tipicamente capitalista, o trabalho assalariado gerou a ideia de que, concomitantemente ao labor realizado por um indivíduo apenas como meio da própria subsistência física (e de seus familiares), deveria haver um tempo em que o corpo do trabalhador pertencesse a ele mesmo e não ao trabalho monótono e extenuante realizado junto à máquina, dependente do ritmo dessa e não do seu próprio organismo. O estabelecimento das fábricas também reforçou a diferenciação entre tempo de trabalho e de lazer, pois na época da jornada realizada nas casas dos operários, com ajuda dos seus familiares, e por quantidade produzida, não havia distinções nítidas de espaço e de tempo em que o corpo do operário pertencia a si próprio e aqueles dedicados ao cumprimento do contrato com o capitalista.

Ainda que o desenvolvimento do capitalismo tenha sido marcado inicialmente por uma superexploração da força de trabalho, a qual não admitia aos trabalhadores nenhuma outra atividade que não fosse a imediatamente dedicada à sua sobrevivência, essas condições foram a semente da concepção moderna da divisão do tempo entre trabalho e lazer. Isso porque, nos países mais industrializados, como Inglaterra, França e Alemanha, foram paulatinamente introduzidas leis que limitavam a jornada de trabalho. Além disso, os trabalhadores mais especializados usufruíam de lazer num sentido mais próximo do atual, já que não apenas recebiam salários maiores como tinham cacife para negociar um tempo de trabalho mais curto do que a grande maioria de operários que não possuía nenhum conhecimento técnico específico.

À medida que o maior tempo livre foi se generalizando na classe trabalhadora dos países mais industrializados, surgiu pela primeira vez a necessidade de meios de entretenimento de massa, concretizados nesse momento ainda com os veículos tradicionais da cultura popular, de um modo semelhante ao das quermesses e das feiras de origem medieval, mas em instalações adaptadas a um número muito superior de participantes, que então se deslocavam em transportes públicos (principalmente ferroviários) rumo aos seus destinos de lazer. Um desses principais destinos eram os estabelecimentos chamados *music halls*, que durante o século XIX se multiplicaram na Inglaterra, na França, na Alemanha e nos Estados Unidos. Neles, os trabalhadores comiam, bebiam, dançavam e assistiam a shows de variedades, em que os principais destaques eram números musicais e circenses. Esse período de consolidação do lazer para a classe trabalhadora foi marcado, por um lado, pela vigilância de autoridades policiais e legais e, por outro, por ações pedagógicas de entidades assistencialistas, leigas e religiosas, que procuravam doutrinar os trabalhadores sobre como usufruir ordeira e frutiferamente, sem álcool nem arruaças, do seu tempo livre.

Além de os locais tradicionais de diversão das classes populares – quermesses e estalagens – se adequarem fisicamente para receber maior número de pessoas, também se modernizavam, apresentando artistas cada vez mais profissionalizados. No caso dos *music halls*, artistas trocavam a condição tradicional de nômades pela de assalariados dos proprietários desses estabelecimentos (quase sempre muito explorados por eles). Nesse momento, começava a se delinear a situação do entretenimento popular como um promissor ramo de negócios, que incluía também a edição de folhetins, vendidos por poucos centavos, com histórias adocicadas em capítulos.

É interessante também observar que, além desse tipo de lazer tipicamente proletário, a própria burguesia procurava estabelecer um padrão próprio de entretenimento, embora ostentasse características semelhantes ao tipo de lazer tipicamente proletário que se encontrava em plena ascensão. As diferenças entre o entretenimento proletário e o burguês eram mais exteriores: enquanto naquele as casas de entretenimentos se localizavam nos subúrbios e deviam se parecer mais com galpões ou mesmo estábulos, os similares burgueses eram localizados nas regiões mais nobres das cidades industrializadas e emulavam o brilho dos teatros e das casas de ópera legados pela classe dominante do período de predomínio da aristocracia.

Se se considera esse tipo entretenimento sob o aspecto do conteúdo, é inevitável que se pense naquilo que ficou conhecido como *kitsch*: palavra de origem alemã que designa um objeto de forte apelo sensível e emocional que poderia ser identificado, na maior parte das vezes, como uma espécie de fraude, já que nunca é o que parece ser e é sempre o "estereótipo" de um protótipo inacessível às classes populares: o *kitsch* agrada as camadas mais amplas do povo sem ter necessariamente um enraizamento na cultura propriamente popular.

Dessa forma, o que foi anteriormente exposto, além de fenômenos típicos da última década do século XIX e da primeira do século XX, tais como a aquisição do hábito de leitura de jornais, de romances de entretenimento e a difusão de pianos nos lares da pequena burguesia mais cultivada, indica que, para o mercado, tudo parecia estar pronto para o advento da cultura de massas, faltando para isso apenas os imprescindíveis meios tecnológicos.

Eles começaram a aparecer no final da década de 1880 e início da de 1890, possibilitando o surgimento do cinema, das gravações sonoras e das transmissões de rádio. A primeira transmissão de sons por ondas de rádio ocorreu na véspera do Natal de 1906. A radiodifusão teve uso restrito às forças armadas durante a Primeira Guerra Mundial, e apenas a partir do início da década de 1920 as transmissões foram dirigidas a ouvintes privados. Nessa época, um receptor de rádio era tão caro, que o seu uso era bastante elitizado, e a programação refletia essa restrição. Apenas a partir de meados da década de 1930, quando a produção em massa tornou os receptores mais acessíveis, o rádio começou a constituir um meio típico da cultura de massas, com um acréscimo de transmissão de música popular, veiculada principalmente em discos produzidos pela recém-estabelecida indústria fonográfica.

De modo análogo à radiodifusão, os gramofones e os discos com gravações musicais eram a princípio muito caros, excluindo, na prática, a imensa maioria das populações dos países mais industrializados; mas, com o passar do tempo, a economia de escala permitiu um barateamento dos custos de produção, ocasionando um vertiginoso consumo de discos e de aparelhos reprodutores. Esse fato trouxe uma transformação inédita no entretenimento moderno: o consumo privado de produtos culturais. No que diz respeito ao cinema, houve uma história semelhante quanto à invenção da aparelhagem, mas com um tipo de uso muito diferente – apenas coletivo.

A partir da rápida proliferação dos aparatos cinematográficos nas casas de diversão das grandes cidades europeias e norte-americanas, dá-se o momento em que podemos ver claramente a transição de uma cultura de entretenimento ainda realizada com meios tradicionais para aquilo que se convencionou chamar de "cultura de massas", feita majoritariamente com meios tecnológicos de reprodução e de difusão de sons e imagens. Fundamental para esse processo foi a multiplicação de estabelecimentos voltados exclusivamente para a exibição de filmes nas principais cidades dos países mais industrializados da Europa, ocorrendo o mesmo, quase simultaneamente, nas regiões proletárias das grandes cidades da América do Norte. Essa explosão no número de salas de cinema pode ser entendida como resultado de uma demanda reprimida por meios de entretenimento acessíveis às massas e que espelhassem, de algum modo, sua recém-adquirida experiência das metrópoles industriais.

Sob o ponto de visto do contexto sócio-histórico de aparecimento da cultura de massas, é evidente que ele se deu, de início, por meio de uma concentração de capital no ramo do entretenimento. Isso porque, mesmo que na fase imediatamente anterior já houvesse uma profissionalização dos artistas e do pessoal de apoio à produção dos espetáculos populares, o investimento necessário para um empresário tocar o negócio ainda era relativamente pequeno. Com o advento do cinema, até o custo de manutenção de uma sala de exibição era proporcionalmente muito mais alto; os custos de produção de um filme eram tão grandes que, no seu início, a indústria cinematográfica era muito concentrada em poucos países (França, Inglaterra e Alemanha, com clara supremacia da primeira). Os Estados Unidos, que se consagraram posteriormente como grandes produtores, não tinham na primeira década do século XX uma produção própria que atendesse à crescente demanda, sendo grandes importadores de títulos europeus.

Isso começou a mudar com o fato que pode ser considerado o marco inicial da moderna cultura de massas: a ascensão de Hollywood como principal centro produtor de filmes em bases verdadeiramente industriais. No início da década de 1910 já havia na Costa Leste dos Estados Unidos, principalmente em Nova York, Chicago e Filadélfia, vários estúdios de produção cinematográfica que produziam filmes dirigidos a uma classe trabalhadora urbana, composta principalmente por imigrantes das mais diversas origens, com um conteúdo quase sempre moralista e potencialmente "disciplinador" das massas. Pouco depois disso, vários judeus, emigrados da Europa Central e do Leste no fim do século XIX, entraram em cena. Quase todos chegaram a Nova York numa situação quase miserável, trabalharam como mascates e comerciantes de roupas, tornando-se depois proprietários de *nickelodeons* (salas de exibição em que a entrada custava uma moedinha) de subúrbios – posteriormente de áreas nobres – de grandes cidades da Costa Leste dos Estados Unidos. Provavelmente porque perceberam que a oferta dos filmes norte-americanos não estava totalmente adequada à demanda por entretenimento de uma qualidade mais onírica e menos moralista, alguns desses judeus se lançaram à tarefa de produzir os filmes a serem exibidos nas suas salas.

Ainda que Nova York apresentasse muitas vantagens para esse tipo de produção, aqueles imigrantes judeus se sentiram atraídos pelas facilidades oferecidas pelo governo estadual da Califórnia, principalmente no tocante ao baixo preço de grandes extensões de terras e de uma legislação que restringia a atuação de sindicatos de trabalhadores, o que barateava os custos de produção. Assim, mesmo que em alguns casos a administração das suas empresas tivesse permanecido em Nova York, depois de 1910 começaram a ser construídos grandes estúdios cinematográficos na Califórnia. Em 1920, todas as principais empresas de entretenimento fundadas por imigrantes judeus (as *big eight*: Universal, Paramount, Warner, Columbia, 20th Century-Fox, Metro-Goldwin-Mayer, United Artists e RKO) tinham construído gigantescos estúdios na pequena localidade, que ficaria depois famosa como a meca da produção cinematográfica: Hollywood.

2. A Teoria Crítica e a indústria cultural

Pouco mais de vinte anos depois da criação de Hollywood, chegariam à região de Los Angeles intelectuais judeus da Europa Central, emigrados para os Estados Unidos, como consequência da perseguição pelo regime nazista instalado na Alemanha em 1933. Muitos deles refizeram o percurso dos fundadores dos grandes estúdios hollywoodianos, chegando aos Estados Unidos pela Costa Leste (principalmente por Nova York) e se dirigindo posteriormente à Califórnia, à procura de um custo de vida menor e de novas oportunidades de trabalho. Entre esses intelectuais estavam Max Horkheimer (1895-1973) e Theodor W. Adorno (1903-1969), que se celebrizaram como críticos ferrenhos da cultura de massas.

Max Horkheimer era filho de um próspero industrial judeu do ramo de tecidos, que esperava vê-lo continuando os negócios da família, proporcionando-

-lhe, para isso, oportunidades de estudo em administração de empresas. Muito cedo, Horkheimer decepcionou o pai, quando iniciou estudos de Filosofia, tendo terminado na Universidade de Frankfurt sua livre-docência nessa área em 1925. Apenas um ano antes, havia sido fundado junto à universidade o Instituto para a Pesquisa Social – primeiro estabelecimento acadêmico da Alemanha com orientação claramente marxista –, do qual Horkheimer se tornou diretor em 1930. Com a ascenção de Hitler ao poder, em 1933, o instituto foi fechado e seus integrantes, perseguidos, o que ocasionou o fim do trabalho coletivo que estava sendo feito lá. Em 1934, Horkheimer refundou o instituto junto à Columbia University, em Nova York, e tentou prosseguir com o trabalho até então realizado em Frankfurt. Em 1937 publicou o ensaio "Teoria tradicional e teoria crítica", que lançou as bases do que até hoje é conhecido como Teoria Crítica da Sociedade. Essa vertente distingue uma racionalidade substantiva da chamada *razão instrumental*, criticando duramente essa última como mobilização da racionalidade para fins de valorização do capital e, portanto, da exploração do trabalho humano por uma pequena minoria que se beneficia materialmente em detrimento da imensa maioria da população.

Em 1941, Horkheimer, como já foi dito, se mudou para as proximidades de Hollywood, sendo imediatamente seguido por seu jovem colega e recente colaborador, Theodor Adorno. Esse, oito anos mais novo do que Horkheimer, era filho de um comerciante judeu de vinhos com uma cantora católica e, desde muito cedo, era considerado "criança-prodígio" pelos seus talentos musicais e também teóricos. Doutorou-se em Filosofia, também em Frankfurt, em 1924, e passou os anos de 1925-1926 na Áustria, estudando composição musical com Alban Berg, um dos expoentes da chamada "Segunda Escola de Viena". Depois da ascenção do nazismo, Adorno passou alguns anos entre a Inglaterra e a Alemanha, tendo emigrado para os Estados Unidos em 1936, onde trabalhou inicialmente junto à sede norte-americana do Instituto para a Pesquisa Social, numa pesquisa sobre a música no rádio. Esse foi um período de aproximação ao seu colega mais velho, Horkheimer, que exercia uma liderança evidente sobre todo o grupo que se formara ainda em Frankfurt. O traslado de Adorno à Califórnia tinha como principal objetivo a parceria com Horkheimer na redação de um livro que deveria atualizar as discussões sobre o tema hegeliano e marxista da *dialética*.

O plano de redigir uma obra filosófica mais "clássica" ia sendo abandonado à medida que Horkheimer e Adorno tomavam conhecimento, por um lado, do acirramento da perseguição nazista aos judeus na Europa e a decisão pela "solução final", isto é, seu extermínio nos campos de concentração. Por outro lado, os dois filósofos percebiam que a contraparte ocidental da opressão pelos nazistas era a cultura de massas no seu modelo acabado, norte-americano, no qual a justa demanda das classes trabalhadoras por entretenimento e lazer era instrumentalizada no sentido de constituir uma indústria capital-intensiva, nos moldes das grandes corporações do ramo petroquímico, elétrico, metalúrgico etc. O novo ramo de atividades perseguia de perto tanto a maximização dos lucros quanto o controle social mediante a imposição subreptícia de padrões de comportamento.

O resultado desse trabalho conjunto de Horkheimer e Adorno foi o livro *Dialética do esclarecimento*, em que os filósofos aprofundam e ampliam a crítica, já iniciada por aquele na década de 1930, à racionalidade instrumental, ao afirmar que os esforços humanos, desde tempos imemoriais, para superar o pavor mitológico ocasionado pela supremacia física da natureza sobre a humanidade redundou numa submissão ainda maior às potências do mito, na medida em que a racionalidade convocada para combatê-lo era unilateralmente voltada apenas para os meios de obtenção de fins imediatos e não à razão como uma finalidade em si mesma, no sentido de uma reconciliação dos homens entre si e com a natureza.

Ao lado da abordagem filosófica desse tema, destaca-se na *Dialética do esclarecimento* a discussão sobre a "indústria cultural" – nome dado pelos autores ao ramo de negócios, organizado em grandes corporações nos moldes do "capitalismo monopolista" (isto é, tendente a abolir toda e qualquer concorrência entre os agentes econômicos), que se apropriou dos meios tecnológicos surgidos na virada do século XIX para o XX com objetivos não apenas de lucrar com a produção e a venda de mercadorias culturais (artigos destinados ao entretenimento), mas também de direcionar, tanto quanto possível, o comportamento das massas no sentido da resignação diante de uma situação de enorme desigualdade entre a pequena minoria detentora dos meios de produção e a enorme maioria de assalariados e subempregados que povoavam (e povoam) até mesmo os países capitalistas mais prósperos (como já o eram, na ocasião, os Estados Unidos da América).

Horkheimer e Adorno observaram que o grande sucesso desse empreendimento sempre esteve ligado ao fato de que a manipulação das massas não era percebida por elas como tal, mas apenas como o fornecimento dos artigos de entretenimento dos quais elas necessitavam no seu tempo livre, e que seriam consumidos por elas a partir de sua livre escolha. De fato, a indústria cultural nunca deixou de levar em consideração necessidades afetivas (inclusive libidinais) latentes do seu público, fornecendo, entretanto, mercadorias que atendessem a essa demanda sem colocar em risco a ordem estabelecida. Por exemplo: filmes, radionovelas, folhetins etc., em que dramas humanos, familiares ou sociais reais encontravam sua resolução na aceitação do *status quo* e não no engajamento dos protagonistas numa luta que visasse superar a ordem social e política responsável pelo estabelecimento da situação dramática que originou o enredo.

Como os construtos fornecidos pela indústria cultural muitas vezes comportam interpretações desviantes daquela que seria a mais conservadora, um dos seus principais procedimentos sub-reptícios para atingir os objetivos de resignação diante do estado de coisas dado é o que os autores da *Dialética do esclarecimento* chamam de "confiscação do esquematismo". O termo "esquematismo" foi tomado emprestado da *Crítica da razão pura*, de Immanuel Kant (1724-1804), significando um procedimento "oculto nas profundezas da alma humana", que promove a ligação das nossas percepções sensíveis com os conceitos que se encontram em nosso entendimento, proporcionando conhecimento propriamente dito, nos padrões da ciência moderna, adotados por Kant. Quando Horkheimer e Adorno falam da *confiscação* desse procedimento, eles querem dizer com isso que a indústria cultural, ao oferecer seus produtos (principalmente) audiovisuais, fornece também a chave de sua interpretação "oficial", isto é, absolutamente resignativa e conservadora.

A contrapartida objetiva da confiscação desse procedimento subjetivo (pois cada consumidor individualmente pensa que está concluindo algo por si próprio quando aceita o "pacote" que contém o produto e também a chave de sua interpretação) é, segundo Horkheimer e Adorno, o "estilo" das mercadorias culturais. Estilo é um termo importante da estética ocidental, cunhado já na Antiguidade grega (no sentido literal, um objetivo pontiagudo) para designar a marca pessoal de um artista ou mesmo o conjunto de práticas que caracterizam o fazer artístico de uma dada cultura (estilo de época, por exemplo). Para os filósofos, a indústria cultural encarna somente o lado coercitivo do estilo – a imposição ao criador individual de procedimentos aprovados e destituídos de inovação –, eliminando a marca pessoal que, ao longo da história da arte ocidental, foi revelador da genialidade de grandes artistas, como, por exemplo, Leonardo da Vinci na pintura, Shakespeare na literatura, Beethoven na música etc.

Nesse sentido, os grandes artistas são para Horkheimer e Adorno emblemáticos das personalidades suficientemente fortes para, ainda que em bases apenas simbólicas, se contrapor às coerções do sistema de dominação, nos termos de um processo dialético no qual há verdadeira interação entre o universal (a coletividade, por exemplo) e o particular (o indivíduo, que, mesmo levando em conta a pressão do universal, lhe impõe de algum modo a sua marca). Esse processo remete à discussão sobre o irreversível declínio do trágico na sociedade contemporânea, na medida em que inexistem indivíduos com força subjetiva suficiente para se defrontar com o hipertrofiado capitalismo monopolista, de que a indústria cultural é uma das principais agências. Os autores se reportam à tragédia grega, em que o(a) protagonista, mesmo num período anterior à formação do sujeito no sentido ocidental do termo, se caracteriza pela energia pessoal suficiente para se contrapor às potências mitológicas mediante às quais o seu destino já estaria traçado.

Os autores da *Dialética do esclarecimento* observam, no entanto, que, apesar de a indústria cultural participar ativamente nesse processo de enfraquecimento dos "eus" que compõem as massas que constituem o seu público, ela promove o culto de certo tipo de individualismo no qual se desenvolve algo como um "pseudotrágico", que se expressa, por exemplo, nas já mencionadas narrativas adocicadas dos filmes hollywoodianos, das radionovelas (atualmente, telenovelas), dos romances folhetinescos etc. Nelas tudo se passa segundo a lógica do *getting into trouble and out again* (entrar em dificuldades e sair novamente), em que o protagonista sai da situação conflituosa exatamente como entrou, sem nenhum aprendizado, sem nenhuma perspectiva de que, no futuro, o mundo venha a ser diferente (melhor) do que é hoje.

Além de todas essas caraterísticas da indústria cultural já mencionadas, há um elemento muito importante a ser destacado: às colocações de Horkheimer e Adorno sobre as mercadorias culturais subjaz uma comparação dessas com as obras de arte propriamente ditas – construtos estéticos que se consolidaram principalmente no período em que a burguesia ainda era uma classe revolucionária e que traduziam originalmente o seu anseio por uma emancipação que não fosse apenas restrita a esse grupo, mas que dissesse respeito a toda a humanidade. Desse período, as grandes obras de arte burguesas teriam conservado a característica de, ainda que oriundas de uma classe que já não era revolucionária, encerrar em si, mesmo nos seus aspectos formais mais abstratos, a demanda pela libertação das pessoas de qualquer tipo de subordinação e submissão a interesses desumanos. Isso faria das obras de arte autênticas a antítese perfeita das mercadorias culturais, que, como se viu antes, sempre foram confeccionadas sob medida para atender do modo mais imediato possível a carência das massas por entretenimento que lhes aliviasse o sofrimento do trabalho extenuante e desprovido de perspectivas humanas, garantindo também lucro acentuado aos seus produtores e, de modo mais mediato, a sobrevivência do capitalismo como sistema de exploração do trabalho alheio, já que incentivariam a resignação e o conformismo na maioria esmagadora da população.

Os autores da *Dialética do esclarecimento* encontram, mais uma vez, inspiração em Immanuel Kant – agora em sua *Crítica da faculdade do juízo* – para caracterizar o *juízo de gosto*, juízo sobre o belo (juízo estético mais completo), como *desinteressado*; e o seu objeto (que pode ser natural ou obra de arte), como possuindo uma *conformidade a fins sem fim.* Esta significa que o objeto estético autêntico sugere, por sua perfeição formal, uma *finalidade*, isto é, uma disposição a se prestar a certo uso, sem explicitar qual seria exatamente esse uso. Horkheimer e Adorno derivam dessa passagem kantiana a ideia de que, a partir dessa característica, o objeto estético verdadeiro seria em si mesmo uma crítica ao mundo dominado pela utilidade, inaugurado pela burguesia revolucionária e consolidado no período mais recente do seu predomínio, entendido pelos filósofos como capitalismo monopolista.

Mas a aparente inutilidade de bens espirituais não tem apenas esse lado crítico ao pragmatismo universal do modo de produção capitalista. Combinando a posição inspirada em Kant com a de Marx sobre o chamado "fetichismo da mercadoria", Horkheimer e Adorno desvendam certo tipo de indução, pela indústria cultural, do comportamento das massas diante das obras de arte. No que concerne ao fetichismo da mercadoria "clássico", Marx dizia que essa forma econômica típica do capitalismo já plenamente desenvolvido é uma coisa – portanto algo que pode possuir valor de uso – que se caracteriza como mercadoria exatamente por ter valor de troca, sendo que esse encerra relações sociais complexas que são escamoteadas pelo caráter de coisa da mercadoria. Desse modo, a coisa parece adquirir vida própria, apesar de se reduzir, no fundo, a algo inerte.

Os autores da *Dialética do esclarecimento* lançam a ideia de um *fetichismo das mercadorias culturais*, ao constatar que o valor de uso de uma obra de arte é exatamente não ter valor de uso, com sua suposta "inutilidade" funcionando como símbolo de *status* para os que têm acesso a ela (ou a algo que pareça ser o seu sucedâneo, por exemplo, mercadorias culturais mais sofisticadas, destinadas a um público classe A). O fetichismo das mercadorias culturais pode ser entendido, desse modo, como uma absorção do seu valor de uso por seu valor de troca, na medida em que sua aparente inutilidade aumenta sua desejabilidade, acarretando, de acordo com a lei da oferta e da procura, um acréscimo no seu valor de troca final.

Uma questão que sempre reaparece nas discussões sobre a indústria cultural é a respeito da vigência, no momento atual, dos principais pressupostos da crítica que lhe foi dirigida por Horkheimer e Adorno na década de 1940, uma vez que tanto a situação geopolítica do mundo quanto a base tecnológica sobre as quais ela se assentava naquela época são agora essencialmente diferentes. Do ponto de vista geopolítico, a Guerra Fria – disputa principalmente ideológica entre os blocos capitalista e socialista –, que já se iniciava no ano da publicação da *Dialética do esclarecimento* (1947), deu lugar ao processo conhecido como "globalização" a partir da queda do muro de Berlim, em 1989, no qual os Estados Unidos da América assumiram uma posição hegemônica diante de todo o mundo com o fim do chamado socialismo real, capitaneado pelo bloco da hoje extinta União Soviética.

Sob o aspecto da base tecnológica do modelo de indústria cultural criticado por Horkheimer e Adorno, observa-se que o binômio cinema/rádio (ambos auxiliados por magazines e folhetins) deu lugar a uma estrutura muito mais complexa, que incorporou a televisão (preto-e-branco, depois colorida), que chegou a ser mencionada pelos autores, depois os sistemas de vídeo analógicos domésticos (VHS), e mais recentemente os dispositivos digitais, como DVDs e Blu Rays, sem falar nos sistemas de compressão de vídeo que facilitaram o chamado *video streaming* (transmissão de conteúdos audiovisuais que podem ser assistidos em dispositivos como computadores ou televisores digitais, em tempo real), só para citar alguns exemplos.

Em princípio, pode-se dizer que, no tocante à maioria das características da indústria cultural criticadas por Horkheimer e Adorno, sua essência coercitiva permanece a mesma, ainda que as condições políticas e econômicas do mundo e os pressupostos tecnológicos da cultura de massas tenham se modificado radicalmente. No que concerne à situação política, o fato de os Estados Unidos – berço da indústria cultural em grande escala – terem atingido a hegemonia em termos globais apenas reforçou mundialmente um tipo de propaganda ideológica capitalista agressiva que era praticada em termos mais localizados, no próprio país e nos de seus aliados mais próximos. Não é de se admirar que a década de 1990 tenha sido marcada, em todo o mundo, pela privatização de empresas públicas atuantes na produção e na oferta de serviços e produtos essenciais às populações, numa espécie de dilapidação radical de patrimônios públicos construídos ao longo de décadas (ou mesmo séculos). O mesmo vale para a abolição de direitos trabalhistas e do desmonte do Estado de Bem-Estar Social onde ele ainda existia.

3. Entretenimento, memória e arte

A transformação na base tecnológica foi um elemento importante nesse processo, pois a liberação da internet (que em forma embrionária existia desde a década de 1970) para uso civil e comercial em meados da década de 1990, instituiu a generalização, em escala mundial, da propaganda ideológica capitalista, antes exercida, como já se disse, de modo mais local. Observe-se que a maioria esmagadora dos servidores centrais da Internet em termos planetários se encontra sediada nos Estados Unidos, fato, aliás, que permitiu o recente escândalo de espionagem, pelo serviço de inteligência norte-americano, de cidadãos e mesmo de governantes de todo o mundo.

O desenvolvimento tecnológico que embasa a indústria cultural contemporânea é bastante multifacetado. Há um aspecto que vale a pena mencionar: uma das vertentes desse desenvolvimento foi o crescente "realismo" dos dispositivos de captação e reprodução (mais recentemente, mesmo de simulação) de conteúdos audiovisuais, o que cria, potencialmente, uma espécie de mundo paralelo, em que as imagens e os sons fornecidos pelos meios de comunicação emulam a realidade, com a vantagem de suprimirem dessa emulação todos os elementos que poderiam estimular uma consciência crítica relativa não apenas a esses *media*, mas ao sistema político e econômico que os produziu (e que eles ajudam a conservar tal como é).

Para muitos teóricos da comunicação contemporânea, essa consciência crítica, no entanto, não seria sequer mais necessária, na medida em que eles rejeitam a ideia de que a indústria cultural permaneceu essencialmente sub-reptícia e manipuladora, asseverando que a internet e os meios digitais em geral provocaram verdadeira revolução na cultura de massas tradicional, dotando-a de mecanismos de *feedback* (a chamada "interatividade") que a democratizaram e praticamente eliminaram os seus traços coercitivos denunciados por Horkheimer e Adorno.

No entanto, é prudente não aceitarmos sem cuidado essa ideia da "democracia digital", pois há indícios de que o perigo de aprofundamento dos aspectos perversos da indústria cultural "clássica" é real, apesar de possibilidades interessantes oferecidas pelos recursos tecnológicos atuais. Nesse sentido, vale a pena considerar a filosofia da comunicação de Vilém Flusser (1920-1991), que considera as novas tecnologias tanto sob o aspecto de suas promessas quanto de seus riscos para a democracia real.

Flusser nasceu na então Tchecoslováquia (atualmente República Tcheca) e fugiu dos nazistas em 1940 para o Brasil. Naturalizou-se brasileiro em 1950 e aqui residiu por trinta e dois anos. Iniciou os seus estudos de filosofia na Universidade Carolíngia de Praga pouco antes de emigrar e continuou-os como autodidata no período de residência em São Paulo. Seu *background* filosófico é muito diferente do de Horkheimer e Adorno, na medida em que foi muito influenciado, no seu período de formação, por dois pensadores dos quais os autores da *Dialética do esclarecimento* sempre se distanciaram: por um lado, o primeiro Wittgenstein (do *Tractatus logico philosophicus*); por outro, o Heidegger de *Ser e tempo*.

Essas influências, entretanto, foram mais fortes na fase inicial de sua atividade filosófica, desenvolvida no Brasil (com a produção de quatro livros e inúmeros artigos). No início da década de 1970, Flusser retornou para a Europa, estabelecendo-se no sul da França, de onde passou a observar cuidadosamente as tendências tecnológicas que estavam então revolucionando os setores da cibernética e das telecomunicações, já antevendo a fusão entre ambos os setores, que ocorre atualmente. Os primeiros resultados concretos dessa observação começaram a aparecer no final da década de 1970, com os livros *Mutações nas relações humanas?* (1979 – inédito em português), *Pós-história: vinte instantâneos e um modo de usar* (1981) e *Filosofia da caixa preta* (1982). Uma vez que é no livro sobre a pós-história que ocorre uma crítica mais contundente à cultura de massas, é nele que minha exposição resumida sobre o assunto se centrará.

Segundo Flusser, cada período da história do Ocidente teve alguma concepção central, intimamente associada a seu modo social e econômico de ser, e que orientava, em grandes linhas, o pensamento coletivo então praticado. Na Antiguidade e no Medievo destaca-se, segundo ele, a noção de "destino"; a partir da Idade Moderna, com o advento da revolução mecanicista, o conceito de "causalidade" assume o lugar mais importante. Na contemporaneidade, ainda de acordo com Flusser, a concepção de *programa* desempenha esse papel. Tal concepção coloca a necessidade da existência de *aparelhos*, isto é, de equipamentos que façam os programas funcionar, e isso ocorre pela ação dos *funcionários* – pessoas incumbidas de operar os aparelhos. Se há programas, também deve haver *programadores*: aqueles que estabelecem o conjunto de virtualidades contidas nos programas que funcionam nos aparelhos, que, por sua vez, são operados pelos funcionários. Mas os programadores, apesar de terem mais poder que os funcionários comuns, apenas escrevem os programas que determinam o funcionamento dos aparelhos e não são de modo algum onipotentes, pois eles próprios são também funcionários de um meta-aparelho, programado por um metaprograma e assim por diante. Para Flusser, no entanto, essa situação de jugo humano sob os programas e aparelhos só poderá ser revertida se, a partir de uma compreensão suficiente dos jogos propostos pelos programas, a humanidade aprender a lidar com o absurdo neles inscrito.

Ao tratar do conceito contemporâneo de comunicação, Flusser introduz uma das distinções mais importantes de sua filosofia dos *media*, a saber, aquela entre "discursos" e "diálogos": os primeiros são oriundos de uma concepção de conhecimento que almeja a *objetividade* e têm a função de difundir conhecimento, enquanto os últimos têm como meta a *intersubjetividade* e funcionam como produtores de conhecimento novo. Os diálogos podem ser circulares ou em rede, ao passo que os discursos podem ser teatrais, piramidais, em árvore ou anfiteatrais. Isso pode ser sintetizado (e exemplificado) com a seguinte chave:

Diálogos
- Circulares (mesas redondas, parlamentos)
- Rede (sistema telefônico, opinião pública)

Discursos
- Teatrais (aulas, concertos)
- Piramidais (exércitos, igrejas)
- Árvores (ciência, arte)
- Anfiteatrais (rádio, imprensa)

A crítica mais contundente que Flusser dirige ao mundo contemporâneo é que, ainda que haja muitas possibilidades técnicas de desenvolvimento dos diálogos, nele predominam absolutamente os discursos anfiteatrais e os diálogos em rede (os menos criativos e frutíferos), o que, para o filósofo, é um indício do predomínio da cultura de massas sobre os indivíduos.

Flusser caracteriza esse predomínio como um movimento pendular das massas entre serem "programadas" pelos aparelhos para consumir e depois, de fato, se encaminharem às compras. Os modernos *shopping centers* são herdeiros de instituições muito tradicionais: na Antiguidade a praça do mercado era o lugar das trocas materiais; na Idade Média, essa praça, ao ser coberta com uma cúpula, deu origem à basílica – lugar das trocas espirituais. Na atualidade, essas duas funções tradicionais foram transpostas para o mesmo espaço (o dos supramencionados *shopping centers*): a de mercado para a do *supermercado*, e a função original do templo transpôs-se para o *cinema*. Ambas as instituições se encontram agrupadas nesse mesmo espaço, abrigando multidões ávidas do consumo tanto material quanto "espiritual".

Flusser chama a atenção para o fato de que a referida programação se dá por imagens resplandecentes que *irradiam mensagens*. Essa imagens são superfícies, isto é, objetos bidimensionais, que determinam, em grande medida, o nosso comportamento. A *escrita*, como código *linear* (p. ex.: o alfabeto latino ou as cifras árabes), apareceu como uma reação à descoberta de que as imagens não apenas foram um dos primeiros métodos de orientação para a humanidade, mas também a iludiam e a alienavam. A partir esse momento, os textos foram se impondo como método de orientação, tentando *explicar* as imagens. De acordo com um diagrama feito pela mão do próprio Flusser, os primeiros modelos de escrita tratavam de pôr em ordem linear os mesmos signos que, antes, se encontravam dispostos num plano:

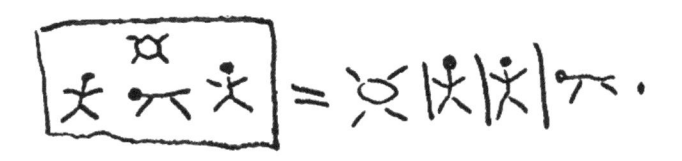

Para o filósofo, esse fato aparentemente corriqueiro da passagem do predomínio das imagens para a situação de dominância dos textos significou a superação da Pré-história e o advento da História. Mas, se, por um lado, a revolução introduzida pela escrita objetivava um esclarecimento completo do mundo, por outro, ela não escapou também do mesmo processo de superação a que foram submetidas as imagens. A extrapolação do poder explicativo dos textos ocasionou, segundo Flusser, o aparecimento de um novo tipo de imagem, que, diferentemente das convencionais, não é produzida diretamente pela mão do homem, mas mediatizada por códigos lineares, semelhantes à escrita, mas preferencialmente expressos em linguagem matemática.

Desse modo, assim como a noção de pré-história se liga ao surgimento das imagens tradicionais e a de história à invenção da escrita, esse novo tipo de código, que é uma espécie de síntese dos precedentes, é composto de *imagens técnicas* ou *tecnoimagens* e inaugura o que Flusser chama de "pós-história". Sua crítica à cultura de massas prossegue, na medida em que a mesma ambiguidade das imagens tradicionais e da escrita ocorre também nas tecnoimagens, já que elas *pretendem* não ser simbólicas – como o são as imagens tradicionais –, mas sintomáticas, isto é, "objetivas" (em virtude do seu "realismo" já discutido a respeito da crítica de Horkheimer e Adorno à indústria cultural). Para Flusser, a pretensão à verdade das tecnoimagens é insustentável, porque os aparelhos, de fato, *transcodam sintomas em símbolos*, isto é, dependem do tipo de programação que os *programadores* neles inserem, a fim de que tais aparelhos, mediante o trabalho dos funcionários que os operam, programem as massas de modo cada vez mais completo.

O melhor exemplo desse tipo de programação se dá exatamente no âmbito do entretenimento: segundo Flusser, na diversão, a *oposição dialética entre eu e mundo* é desviada para o que ele chama de um "terreno intermediário", o das *sensações imediatas*. É por isso que a definição crítica de divertimento de Flusser é a de vivência meramente sensorial em que *não há memória*: nada é conservado, sendo secretado por nosso organismo espiritual do mesmo modo que nele entrou.

Para o filósofo, a verdadeira antítese a esse modelo de entretenimento se encontra na arte, que é – curiosamente – concebida por ele como uma espécie de droga. Segundo ele, motivações semelhantes às que levam as pessoas à compulsão para o divertimento também as conduzem ao uso de entorpecentes, que não seriam exclusividade do Ocidente nem do que ele chama de pós-história, estando presentes em todas as culturas, sem exceção, exprimindo a situação de que o fardo da cultura é pesado demais para que o indivíduo consiga suportar sem um auxílio externo, no caso, químico. De acordo com Flusser, a arte poderia ser considerada uma droga poderosa, já que possibilita uma experiência imediata por meio de sua mediação e – muito mais do que as drogas convencionais – apresenta um desafio quase insuperável para os aparelhos, pois atinge na raiz o automatismo inconsciente típico do seu funcionamento, já que esses aparelhos necessitam da informação nova produzida pela arte para não perecerem sob o efeito da entropia; por isso não podem bani-la. Por outro lado, essa informação nova contém, potencialmente, os elementos que poderiam ajudar a subverter a ação dos aparelhos, e nisso reside a chance de emancipação da humanidade, mesmo num cenário aparentemente tão desfavorável.

Esse é mais um ponto em que os pontos de vista de Horkheimer e Adorno, por um lado, e de Flusser, por outro, convergem grandemente, apesar dos pressupostos filosóficos muito diferentes adotados por eles. Especialmente para Adorno, nas obras que escreveu nas décadas de 1950 e 1960 (muito especialmente na *Teoria estética*, publicada postumamente em 1970), a produção e a apropriação correta das obras de arte – entendida como alternativa às mercadorias culturais – mantêm viva a esperança de uma vida humana plena de liberdade e reconciliada consigo mesma e com a natureza.

OUVINDO OS TEXTOS

Texto 1. Max Horkheimer (1895-1973) e Theodor Adorno (1903-1969), *Arte massificada e produção*

A função que o esquematismo kantiano ainda atribuía ao sujeito, a saber, referir de antemão a multiplicidade sensível aos conceitos fundamentais, é tomada ao sujeito pela indústria. Ela executa o esquematismo como primeiro serviço a seus clientes. Na alma deveria funcionar um mecanismo secreto, o qual já prepara os dados imediatos de modo que eles se adaptem ao sistema da razão pura. O segredo foi hoje decifrado. Se também o planejamento do mecanismo por parte daqueles que agrupam os dados é a indústria cultural e ela própria é coagida pela força gravitacional da sociedade irracional – apesar de toda racionalização –, então a maléfica tendência é transformada por sua disseminação pelas agências do negócio em sua própria intencionalidade tênue. Para os consumidores nada há mais para classificar que não tenha sido antecipado no esquematismo da produção. A arte para o povo desprovida de sonhos preenche aquele onírico idealismo, que para o criticismo ia longe demais. Tudo vem da consciência: em Malebranche e Berkeley, da consciência de Deus; na arte para as massas, da consciência terrena das equipes de produção.

> HORKHEIMER, M. & ADORNO, T. *Dialética do esclarecimento*. Trad. Guido Antonio de Almeida. Rio de Janeiro: Zahar, 1985, p. 117.

Texto 2. Max Horkheimer (1895-1973) e Theodor Adorno (1903-1969), *Identidade entre sociedade e sujeito*

Todos podem ser como a sociedade todo-poderosa, todos podem se tornar felizes, desde que se entreguem de corpo e alma, desde que renunciem à pretensão de felicidade. Na fraqueza deles, a sociedade reconhece sua própria força e lhes confere uma parte dela. Seu desamparo qualifica-os como pessoas de confiança. É assim que se elimina o trágico. Outrora, a oposição do indivíduo à sociedade era a própria substância da sociedade. [...] Hoje o trágico dissolveu-se neste nada que é a falsa identidade da sociedade e do sujeito, cujo horror ainda se pode divisar fugidiamente na aparência nula do trágico.

> HORKHEIMER, M. & ADORNO, T. *Dialética do esclarecimento*. Trad. Guido Antonio de Almeida. Rio de Janeiro: Zahar, 1985, p. 144.

Texto 3. Max Horkheimer (1895-1973) e Theodor Adorno (1903-1969), *A obra de arte e o princípio da utilidade*

O princípio da estética idealista, a finalidade sem-fim, é a inversão do esquema a que obedece socialmente a arte burguesa: a falta de finalidade para os fins determinados pelo mercado. Para concluir, na exigência de entretenimento e relaxamento, o fim absorveu o reino da falta de finalidade. Mas, na medida em que a pretensão de utilizar a arte se torna total, começa a se delinear um deslocamento na estrutura econômica interna das mercadorias culturais. Pois a utilidade que os homens aguardam da obra de arte na sociedade antagonística é justamente, em larga medida, a existência do inútil, que no entanto é abolido pela subsunção à utilidade. Assimilando-se totalmente à necessidade, a obra de arte defrauda de antemão os homens justamente da liberação do princípio da utilidade, liberação essa que a ela incumbia realizar. O que se poderia chamar de valor de uso na recepção dos bens culturais é substituído pelo valor de troca; ao invés do prazer, o que se busca é assistir e estar informado, o que se quer é conquistar prestígio e não se tornar um conhecedor.

> HORKHEIMER, M. & ADORNO, T. *Dialética do esclarecimento*. Trad. Guido Antonio de Almeida. Rio de Janeiro: Zahar, 1985, p. 148.

Texto 4. Vilém Flusser (1920-1991), *Tecnoimagens e pós-história*

Os textos se dirigiam, originalmente, contra as imagens, a fim de torná-las transparentes para a vivência concreta, a fim de libertar a humanidade da loucura alucinatória. Função comparável *é* a das tecnoimagens: dirigem-se contra os textos, a fim de torná-los transparentes para a vivência concreta, a fim de libertar a humanidade da loucura conceptual. O gesto de codificar e decifrar tecnoimagens se passa em nível afastado de *um passo* do nível da escrita, e de *dois passos* do nível das imagens tradicionais. É o nível da consciência *pós-histórica*.

> FLUSSER, V. *Pós-história: vinte instantâneos e um modo de usar.* São Paulo: Annablume, 2011, p. 117.

Texto 5. Vilém Flusser (1920-1991), *O divertimento na sociedade de massas*

Divertimento é acúmulo de sensações a serem eliminadas indigeridas. Uma vez postos entre parênteses mundo e Eu, a sensação passa sem obstáculo. Não há nem o que deve ser digerido, nem interioridade que possa digeri-lo. Não há intestino nem necessidade de intestino. O que resta são *bocas* para engolir a sensação, e *ânus* para eliminá-la. A sociedade de massa é sociedade de canais que são mais primitivos que os vermes: nos vermes há funções digestivas.

> FLUSSER, V. *Pós-história: vinte instantâneos e um modo de usar.* São Paulo: Annablume, 2011, p. 117.

Texto 6. Vilém Flusser (1920-1991), *Aparelhos, privacidade e publicidade*

> Publicar o privado é o único engajamento na república que efetivamente implica transformação da república, porque é o único que a informa. Na medida em que, pois, os aparelhos permitem tal gesto, põem eles em perigo sua função despolitizadora. [...] Nessa indecisão da situação atual reside a tênue esperança de podermos, em futuro imprevisível, e por catástrofe imprevisível, retomar em mãos os aparelhos.
>
> FLUSSER, V. *Pós-história: vinte instantâneos e um modo de usar.* São Paulo: Annablume, 2011, pp. 160-1.

EXERCITANDO A REFLEXÃO

1. Com base no itinerário percorrido neste livro, responda às seguintes questões:

    1.1. Qual é a origem remota do tipo de entretenimento que se consolidou, ao longo do século XIX, nos países mais industrializados da Europa?

    1.2. Qual foi o impacto da invenção de dispositivos como o cinematógrafo, o fonógrafo e a radiodifusão sobre a indústria do lazer em fase de consolidação no fim do século XIX e início do século XX?

    1.3. Qual foi o impacto da implantação dos grandes estúdios cinematográficos em Hollywood em meados da década de 1910?

    1.4. Por que é falaciosa a afirmação, feita pelos defensores da indústria cultural, de que ela oferece às massas o que elas desejam?

1.5. Como funciona o mecanismo de "confiscação do esquematismo", descrito por Horkheimer e Adorno na *Dialética do esclarecimento*?

1.6. Qual é a diferença entre o estilo, tal como foi praticado na arte ocidental a partir do Renascimento, e o "estilo" como procedimento da indústria cultural, imposto tanto aos seus produtores quantos aos seus consumidores?

1.7. O que acontece com o trágico, na sua concepção clássica, quando é apropriado pela indústria cultural?

1.8. Qual é a relação entre o que Horkheimer e Adorno chamam de "fetichismo das mercadorias culturais" e a ideia de Kant de uma "finalidade sem-fim" no objeto estético?

1.9. Em que medida se pode afirmar que o que Horkheimer e Adorno afirmaram sobre a indústria cultural em meados do século XX ainda é válido no início do século XXI, mesmo depois de tantas transformações geopolíticas e tecnológicas?

1.10. Em que medida a noção de "aparelho" de Vilém Flusser pode ser útil para criticar a cultura de massas contemporânea? Responda essa mesma pergunta para as noções de "programa", "programador" e "funcionário".

1.11. Por que a predominância de discursos anfiteatrais e de diálogos em rede no mundo contemporâneo pode ser entendida como continuação do domínio da indústria cultural na sociedade?

1.12. Por que as tecnoimagens são de decodificação muito mais complicada do que as imagens tradicionais?

1.13. Por que, para Flusser, a arte pode ser um antídoto à dominação dos aparelhos, a qual transforma as pessoas em meros funcionários?

2. Exercícios práticos

2.1. Ao assistir a um programa de televisão (ou ouvir um programa de rádio), reflita sobre que interesses podem estar por trás do que está sendo falado e – principalmente – mostrado (visual ou sonoramente), muitas vezes de modo aparentemente casual.

2.2. Diante de qualquer mercadoria cultural (filme, novela, canção, telejornal etc.), procure saber por quem ela está sendo oferecida. Trata-se de produto de uma grande corporação? Multinacional? Sediada em que país (se for sediada em algum)?

2.3. Quando algum meio de comunicação de massa exibir um conteúdo que aborde determinado tema social, cultural ou economicamente delicado, procure identificar que chave de decodificação ("confiscação do esquematismo") está sendo oferecida juntamente com o que é mostrado.

2.4. Faça sempre o esforço de distinguir se algo esteticamente interessante que lhe é apresentado é uma obra de arte ou mercadoria cultural (lembre-se sempre de que a utilidade imediata é um critério, não exclusivo, mas determinante, para essa distinção).

2.5. Procure sempre discernir imagens convencionais de imagens técnicas. No caso de perceber que se trata dessas últimas, procure constatar e – principalmente – compreender o seu poder de programação das pessoas.

2.6. Na situação em que um grupo de pessoas está reunido num processo de comunicação, determine em que medida predominam os discursos ou os diálogos. Aponte, em cada caso, de que tipos de discursos e/ou diálogos se trata.

DICAS DE VIAGEM

1. Filmes

A indústria cinematográfica sempre foi pródiga em retratar a si mesma nos seus filmes, desde a consolidação de Hollywood como seu principal polo produtor. Mas, naturalmente, nunca havia nada de crítico – ou autocrítico – nesses filmes; pelo contrário, tudo que se mostrava era o glamour do ramo do entretenimento. A quintessência dessa vertente é *O mundo da fantasia* (*There's no Business Like Show Business*, 1954). O que havia de mais "dramático" nessas produções era o esforço de artistas talentosos, mas ainda desconhecidos, para se tornarem reconhecidos (o que ocorria no inevitável *happy end*).

Algo mudou ligeiramente no final dos anos 1990, quando surgiram filmes em que, de algum modo, o poder da indústria cultural de forjar uma espécie de mundo paralelo à realidade propriamente dita era tematizado. Como exemplos dessa orientação, podem-se mencionar: *O quarto poder* (*Mad City*, 1997), que mostra os bastidores de um canal de TV em busca de notícias sensacionalistas; *O show de Truman* (*The Truman Show*, 1998), que retrata a vida do personagem-título como sendo no fundo um "reality show", no qual todos sabiam se tratar de uma vida falsa, menos o próprio Truman; *Matrix* (*The Matrix*, 1999), que aborda a existência, num futuro longínquo, de um mundo totalmente construído por realidade virtual em rede, no qual as pessoas – plugadas a máquinas que delas retiram a energia para funcionarem – têm todas as sensações visuais, auditivas, táteis, olfativas etc. mediante a ilusão causada por esse dispositivo; o mundo "real" é, de fato, totalmente destruído por catástrofes ecológicas.

Talvez mais interessantes do que tais filmes ficcionais sejam os documentários, que frequentemente são pelo menos informativos sobre a história do cinema, se bem que o vício do autoelogio não deixa de ser comum a todos eles. Dentre esses filmes, sugiro os seguintes:

- *Hollywoodismo: judeus, cinema e o sonho americano* (*Hollywoodism: How the Jews invented*

Hollywood), direção de Simcha Jacobovici, EUA, 1997. Documentário baseado no livro de Neal Gabler, *Como os judeus inventaram Hollywood*, mostra como os imigrantes judeus do Leste Europeu criaram Hollywood e se mantiveram por décadas como os mais influentes produtores da indústria cinematográfica norte-americana. Nele são narradas as trajetórias de Adolph Zukor, fundador da Paramount, Carl Laemmle, fundador da Universal, Harry e Jack Warner, fundadores dos estúdios Warner Brothers, Louis B. Mayer, fundador da MGM, William Fox, fundador da 20th Century Fox, e Harry Cohn, fundador da Columbia.
- *That's Entertainment!*, direção de Jack Haley, Jr., EUA, 1974. Documentário norte-americano, é uma coletânea de trechos de filmes musicais, apresentando depoimentos de antigos *performers*, produzido em comemoração aos cinquenta anos da Metro-Goldwyn-Mayer. Nele aparecem astros e estrelas como Frank Sinatra, Gene Kelly, Fred Astaire, Peter Lawford, Donald O'Connor, Debbie Reynolds, Mickey Rooney, Bing Crosby, James Stewart, Elizabeth Taylor e Liza Minnelli.

- *Assim era a Atlântida*, direção de Carlos Manga, Brasil, 1975. Documentário brasileiro inspirado no congênere norte-americano mencionado, enfoca as antigas produções dos Estúdios Atlântida, dos anos 1930 em diante. Nele figuram artistas como Odete Lara, Grande Otelo, José Lewgoy, Norma Bengell, Eva Vilma e John Herbert, dentre outros (pode ser visto no YouTube).

2. Vídeos do YouTube

Há dezenas de vídeos sobre indústria cultural nesse *site* (basta fazer uma busca com a expressão). De muitos que assisti (não todos, pois isso é praticamente irrealizável), verifiquei que a maioria deles é de trabalhos escolares, que não acrescentam nada à compreensão do tema. Como exceções a essa tendência, recomendo os seguintes vídeos:

- *Indústria cultural I (Introdução, histórico resumido, exemplos atuais)*, de Robson Lima. Alguns dos principais aspectos do tema são relatados em linguagem coloquial, num vídeo caseiro,

postado pelo próprio autor, que possui um "canal" no YouTube.
- *Diálogo sem fronteira: indústria cultural*, produzido pelo Canal RTV, do Instituto de Estudos Avançados da Unicamp, focaliza Fábio Durão falando com propriedade sobre a cultura de massas.
- *Música e indústria cultural*, produzido pela Univesp TV, aborda vários aspectos relevantes sobre a questão, apresentando também entrevistas e pequenos depoimentos de especialistas.
- *Bate-papo: indústria cultural e liberdade de expressão*, de Rodolfo Neves. Encontra-se no canal do autor, relacionado a uma página no Facebook denominada "História On-Line". A exposição das matérias relacionadas ao tema da indústria cultural se dá por meio de um diálogo entre o próprio Rodolfo Neves e o seu interlocutor, identificado apenas como "Miguel". A conversa é interessante especialmente porque leva em consideração as denúncias, então recentes (em junho de 2013), de que o serviço secreto norte-americano teria espionado as comunica-

ções eletrônicas de milhões de pessoas em todo o mundo (inclusive de governantes de países aliados próximos dos Estados Unidos, como a Alemanha e a França).

LEITURAS RECOMENDADAS

COSTA, M. Jardelino da. (org.). *A festa da língua: Vilém Flusser.* São Paulo: Fundação Memorial da América Latina, 2010.
Trata-se de coletânea sobre o pensamento de Vilém Flusser, com alguns textos que podem ser úteis na compreensão da filosofia da comunicação do autor, na qual se encontra sua crítica à cultura de massas.

DUARTE, R. *Indústria cultural: uma introdução.* Rio de Janeiro: FGV, 2010.
Trata-se de uma versão "light" (bastante resumida) e bem mais atualizada do livro publicado em 2003, mencionado logo a seguir. Fiz a inclusão de um capítulo sobre a indústria cultural no Brasil, inexistente na versão mais extensa.

———. *Teoria crítica da indústria cultural.* Belo Horizonte: UFMG, 2003.
O livro pretende ser um compêndio sobre o tema da cultura de massas, do ponto de vista da Teoria Crítica

da Sociedade. Apesar de não estar atualizado sobre a tecnologia mais recente usada pela indústria cultural, no que tange aos conceitos básicos da crítica pode ser um auxílio importante para o interessado no tema.

DURÃO, F.; ZUIN, A. & FERNANDES VAZ, A. (orgs.). *Indústria cultural hoje*. São Paulo: Boitempo, 2008.

Coletânea em que autores brasileiros e estrangeiros retomam o tema da indústria cultural sob vários aspectos, procurando atualizá-lo.

FLUSSER, V. *Pós-história: vinte instantâneos e um modo de usar*. São Paulo: Annablume, 2011.

É o livro de Flusser em que a crítica à cultura de massas se encontra mais concentrada. Trata-se da primeira reedição do livro publicado em 1983 pela Editora Duas Cidades, que estava há décadas fora de catálogo.

HORKHEIMER, M. e ADORNO, T. *Dialética do esclarecimento*. Trad. Guido Antonio de Almeida. Rio de Janeiro: Zahar, 1985.

Nesse livro se encontra o texto básico para a crítica à cultura de massas, intitulado "Indústria cultural: o esclarecimento como mistificação das massas". Ele serviu de base não apenas para os textos posteriores de Adorno de crítica à cultura de massas, mas às gerações se-

guintes que se propuseram a essa tarefa teórica, e continua inspirando muitos intelectuais de agora no sentido de compreender a repercussão social dos novos meios eletrônicos.